Impressum
Verlag: BABADADA GmbH, Nedderfeld 112 , 22529 Hamburg
Geschäftsführer / Verlagsleitung: Harald Hof
Druck: Books on Demand GmbH, In de Tarpen 42, 22848 Norderstedt

Imprint
Publisher: BABADADA GmbH, Nedderfeld 112 , 22529 Hamburg, Germany
Managing Director / Publishing direction: Harald Hof
Print: Books on Demand GmbH, In de Tarpen 42, 22848 Norderstedt, Germany

училище

школа

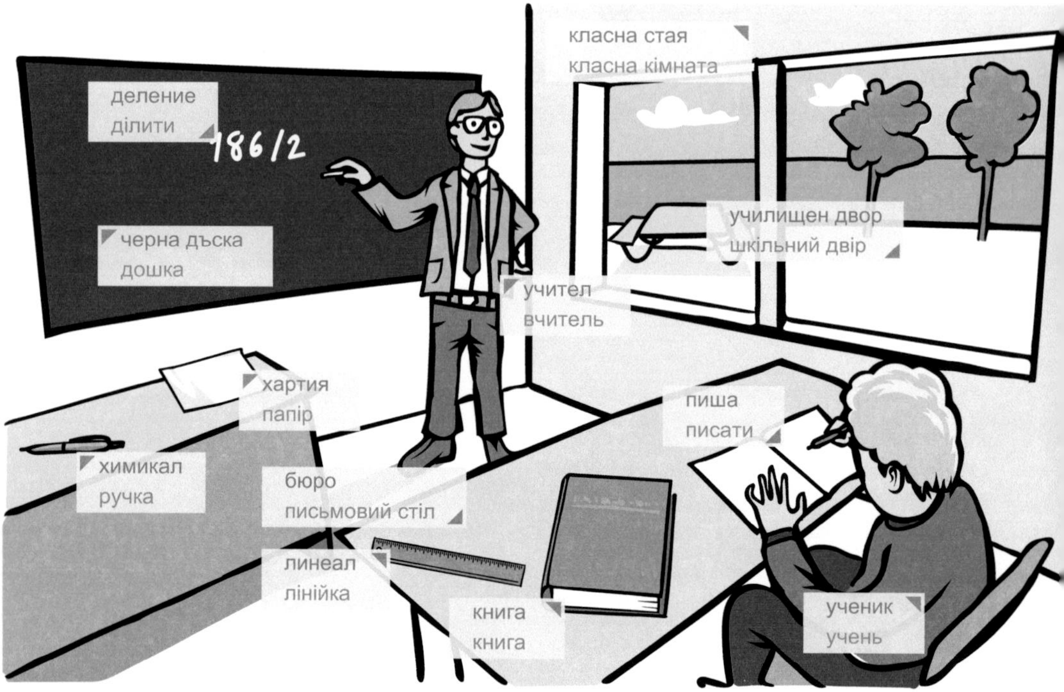
класна стая
класна кімната
деление
ділити
186/2
черна дъска
дошка
училищен двор
шкільний двір
учител
вчитель
хартия
папір
пиша
писати
химикал
ручка
бюро
письмовий стіл
линеал
лінійка
книга
книга
ученик
учень

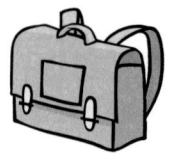

ученическа раница

ранець

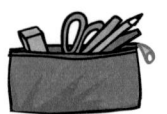

ученически несесер

пенал

молив

олівець

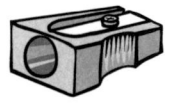

острилка за моливи

точило

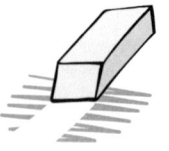

гума

гумка

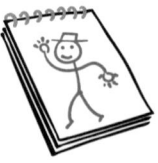

блок за рисуване

альбом для малювання

рисунка

малюнок

четка

пензель

акварелни бои

коробка фарб

ножица

ножиці

лепило

клей

тетрадка за упражнения

зошит

домашна работа

домашнє завдання

число

число

събиране

додавати

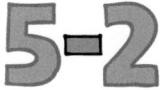

изважданe

віднімати

умножение

множити

смятане

рахувати

буква

літера

ABCDEFG
HIJKLMN
OPQRSTU
VWXYZ

азбука

абетка

дума

слово

текст

текст

чета

читати

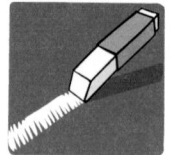

тебешир

крейда

час

година

дневник на класа

класний журнал

изпит

екзамен

свидетелство

диплом

ученическа униформа

шкільна форма

образование

освіта

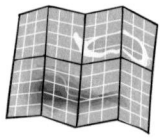

справочник

лексикон

университет

університет

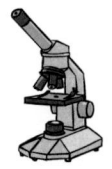

микроскоп

мікроскоп

карта

карта

кошче за хартиени
отпадъци

кошик для паперу

пътуване

подорож

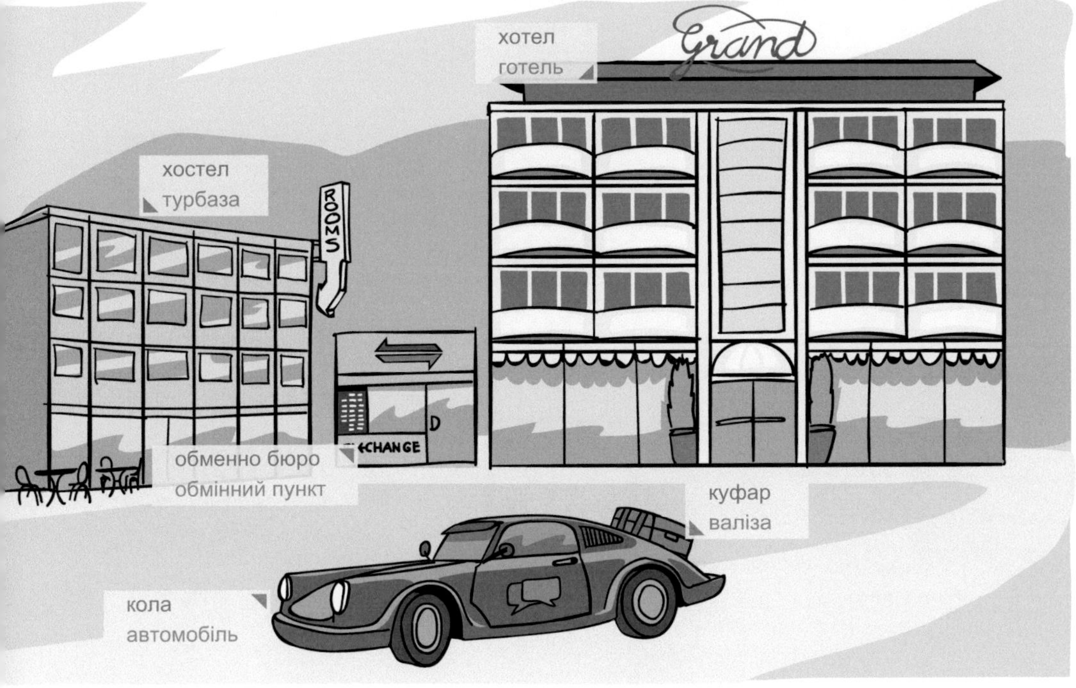
хотел
готель
Grand
хостел
турбаза
ROOMS
обменно бюро
обмінний пункт
CHANGE
куфар
валіза
кола
автомобіль

език

мова

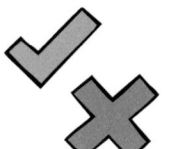

да / не

так / ні

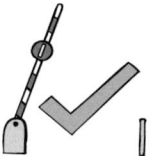

Окей

добре

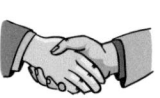

здравей

привіт

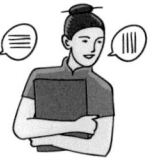

преводач

перекладач

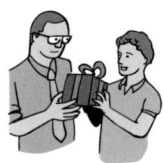

Благодаря

дякую

Колко струва…?

Скільки коштує …?

Не разбирам

Я не розумію

проблем

проблема

Добър вечер!

Добрий вечір!

Добро утро!

Доброго ранку!

Лека нощ!

На добраніч!

довиждане

До побачення

посока

напрямок

багаж

багаж

пътна чанта

сумка

раница

рюкзак

посетител

гість

стая

кімната

спален чувал

спальний мішок

палатка

намет

туристическа информация

туристична інформація

плаж

пляж

кредитна карта

кредитна картка

закуска

сніданок

обед

обід

вечеря

вечеря

билет

квиток

асансьор

ліфт

пощенска марка

поштова марка

граница

межа

митница

митниця

посолство

посольство

виза

віза

паспорт

паспорт

транспорт
транспорт

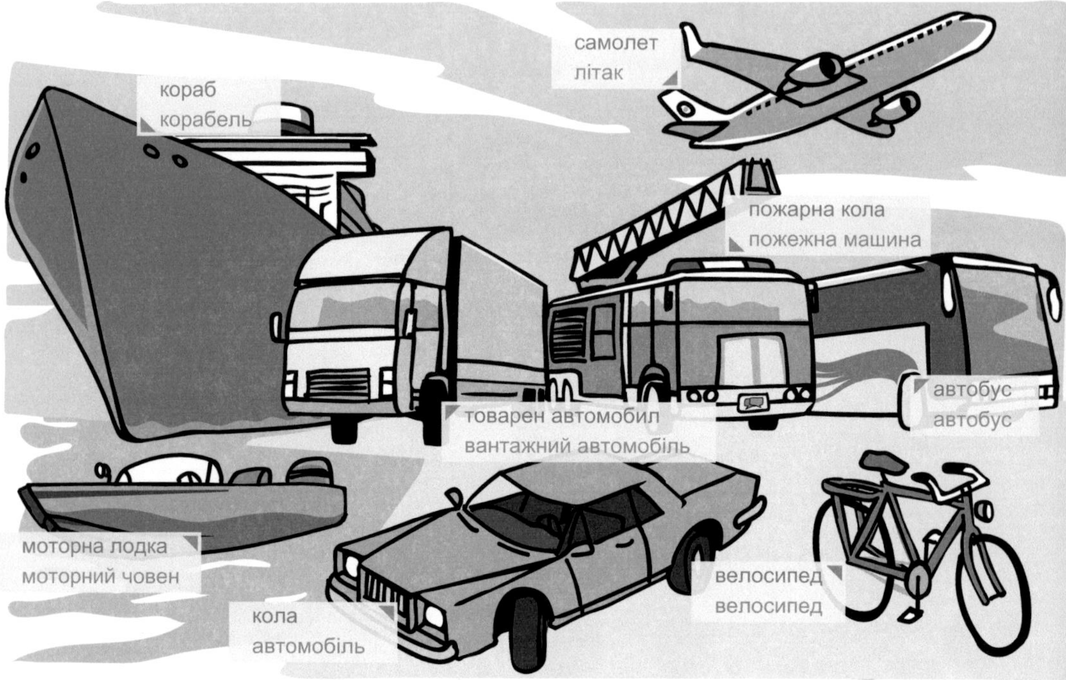
самолет
літак
кораб
корабель
пожарна кола
пожежна машина
автобус
автобус
товарен автомобил
вантажний автомобіль
моторна лодка
моторний човен
велосипед
велосипед
кола
автомобіль

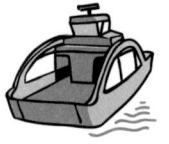

ферибот

пором

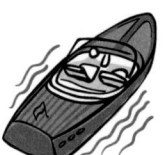

лодка

човен

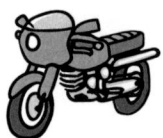

мотоциклет

мотоцикл

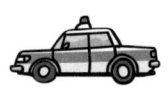

полицейска кола

поліцейська машина

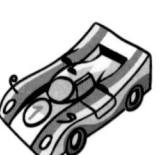

състезателна кола

гоночний автомобіль

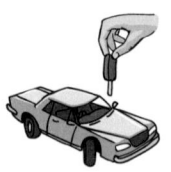

кола под наем

автомобіль на прокат

каршеринг

спільне користування авто

автомобил от "Пътна помощ"

евакуатор

сметовоз

сміттєвоз

двигател

двигун

бензин

паливо

бензиностанция

автозаправна станція

пътен знак

дорожній знак

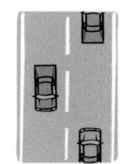

улично движение

рух

задръставане

затор

паркинг

стоянка

гара

вокзал

релси

рейки

влак

потяг

трамвай

трамвай

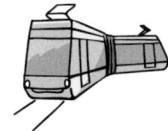

вагон

вагон

9

хеликоптер

гелікоптер

аерогара

аеропорт

кула

вежа

пасажер

пасажир

контейнер

контейнер

кашон

коробка

ръчна количка

візок

кошница

кошик

излитам / приземявам се

стартувати / приземлятися

град

місто

село

село

градски център

центр міста

къща

дім

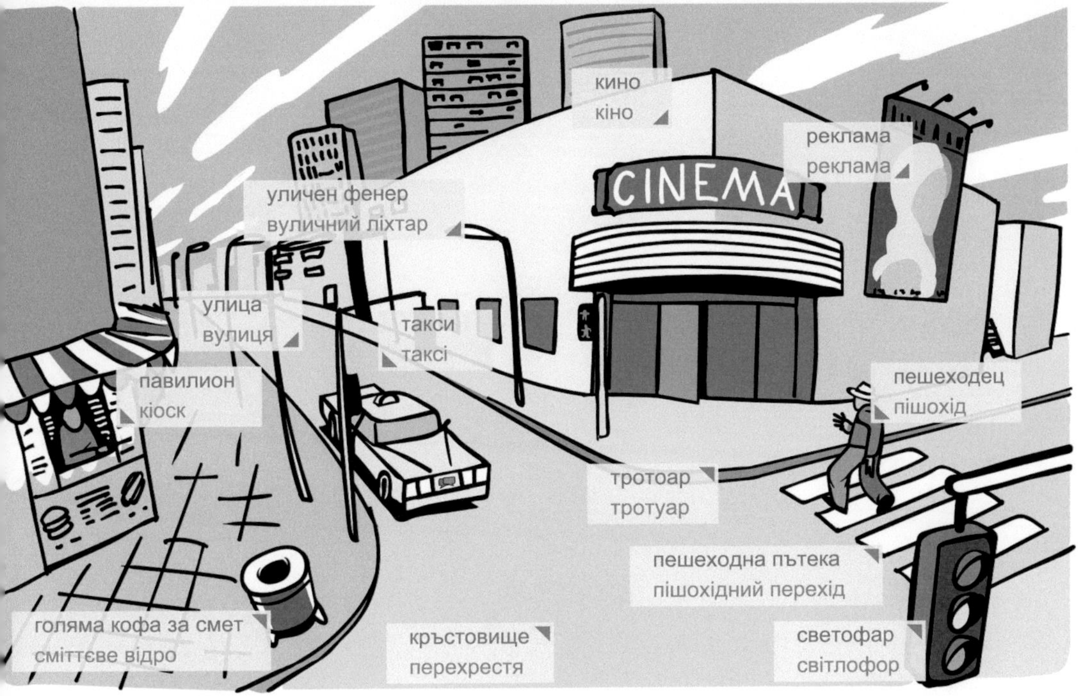

кино
кіно
реклама
реклама
CINEMA
уличен фенер
вуличний ліхтар
улица
вулиця
такси
таксі
павилион
кіоск
пешеходец
пішохід
тротоар
тротуар
пешеходна пътека
пішохідний перехід
голяма кофа за смет
сміттєве відро
кръстовище
перехрестя
светофар
світлофор

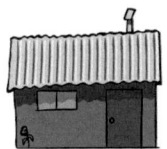

хижа

хатина

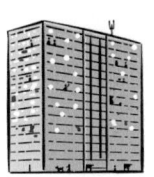

жилище

квартира

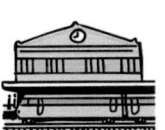

гара

вокзал

кметство

ратуша

MUSEUM

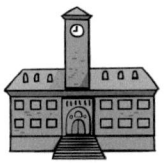

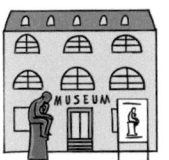

музей

музей

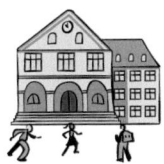

училище

школа

университет

університет

банка

банк

болница

лікарня

хотел

готель

аптека

аптека

офис

офіс

книжарница

книжковий магазин

магазин за цветя

магазин

магазин за цветя

квітковий магазин

супермаркет

супермаркет

пазар

ринок

универсален магазин

універмаг

търговец на риба

торговець рибою

търговски център

торговельний центр

пристанище

гавань

град - місто

парк

парк

пейка

лава

мост

міст

стълба

сходи

метро

метро

тунел

тунель

автобусна спирка

автобусна зупинка

бар

бар

ресторант

ресторан

пощенска кутия

поштова скринька

улична табелка

вулична табличка

часовник за паркинг
престой

лічильник паркування

зоологическа градина

зоопарк

плувен басейн

басейн

джамия

мечеть

селски двор

ферма

замърсяване на околната
среда

забруднення
навколишнього
середовища

гробище

кладовище

църква

церква

детска площадка

дитячий майданчик

храм

храм

пейзаж
ландшафт

листо
листок

пътепоказател
вказівний стовп

път
шлях

ливада
луг

камък
камінь

дърво
дерево

пътешественик
мандрівник

река
річка

трева
трава

цвете
квітка

долина

долина

планина

гора

море

озеро

гора

ліс

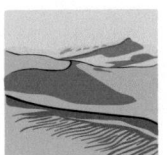

пустиня

пустеля

вулкан

вулкан

замък

замок

дъга

веселка

гъба

гриб

палма

пальма

комар

комар

муха

муха

мравка

мурашка

пчела

бджола

паяк

павук

пейзаж - ландшафт

бръмбар

жук

жаба

жаба

катеричка

вивірка

таралеж

їжак

заек

заєць

кукумявка

сова

птица

птах

лебед

лебідь

диво прасе

кабан

елен

олень

лос

лось

бент

гребля

вятърна турбина

вітряк

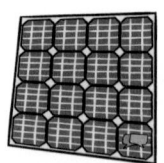

соларен модул

сонячний модуль

климат

клімат

пейзаж - ландшафт

ресторант

ресторан

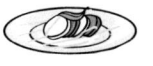

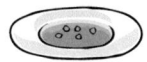

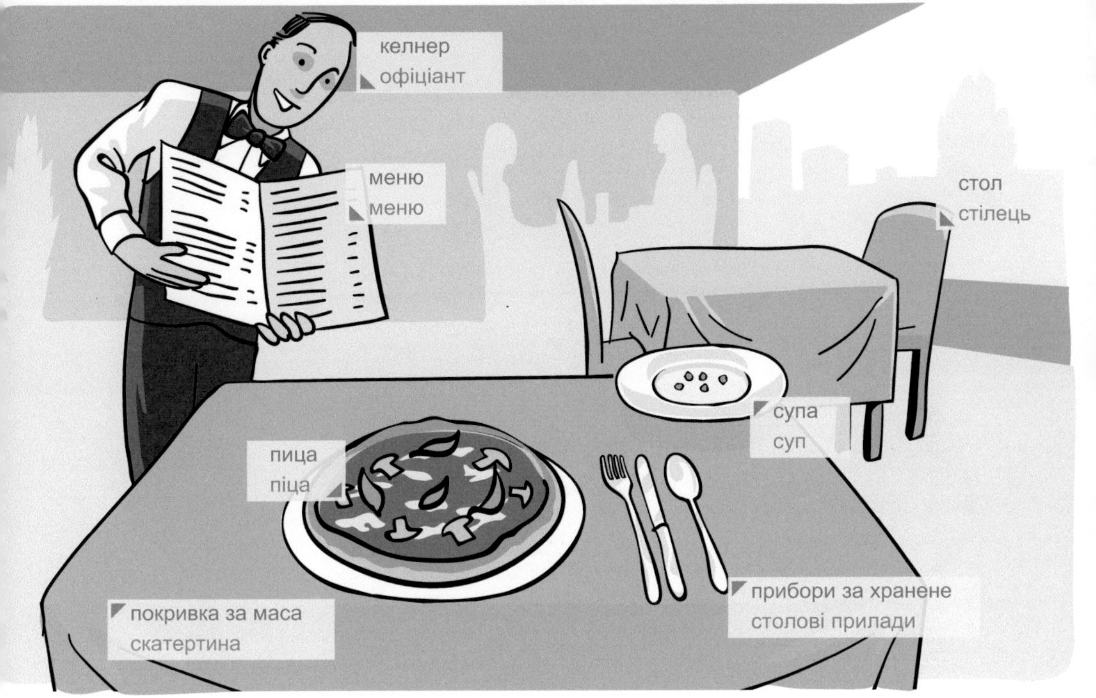
келнер
офіціант
меню
меню
стол
стілець
супа
суп
пица
піца
прибори за хранене
столові прилади
покривка за маса
скатертина

предястие

закуска

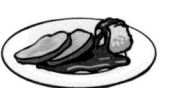

основно ястие

друга страва

десерт

десерт

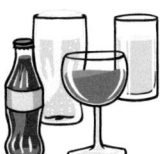

напитки

напої

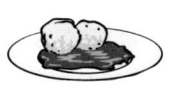

ядене

їжа

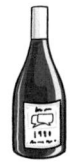

бутилка

пляшка

бързо хранене

фаст-фуд

улична храна

вулична їжа

кана за чай

чайник

кутия за захар

цукорниця

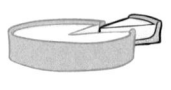

порция

порція

еспресо машина

еспресо-машина

висок детски стол

високий стільчик

сметка

рахунок

табла

піднос

ножица за нокти

ніж

вилица

вилка

лъжица

ложка

чаена лъжичка

чайна ложка

салфетка

серветка

стъклена чаша

склянка

ресторант - ресторан

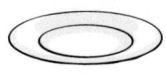

чиния

тарілка

чиния за супа

тарілка для супу

чинийка

блюдце

сос

соус

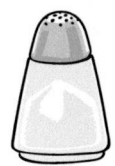

солница

солонка

мелничка за черен пипер

млин для перцю

оцет

оцет

олио

масло

подправки

спеції

кетчуп

кетчуп

горчица

гірчиця

майонеза

майонез

супермаркет
супермаркет

оферта
пропозиція
FOR
клиент
клієнт
млечни продукти
молочні продукти
плодове
фрукти
количка за покупки
візок для покупок

BUTCHERS

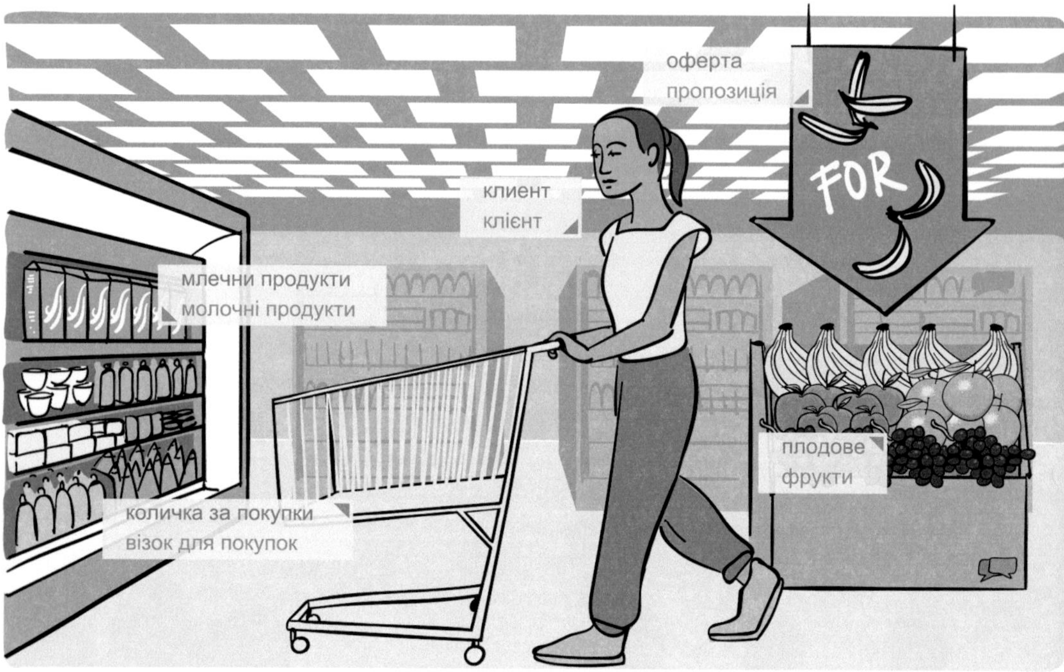

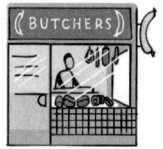

кланица

м'ясний магазин

BAKERY

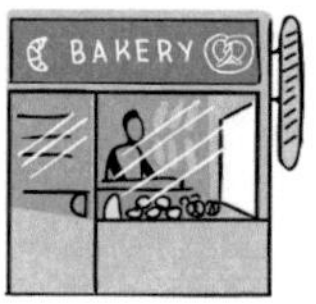

хлебарница

пекарня

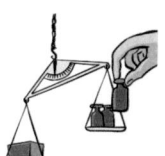

тегля

зважувати

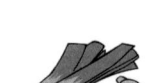

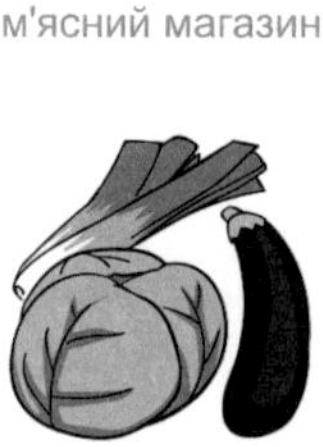

зеленчуци

овочі

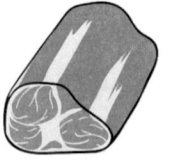

месо

м'ясо

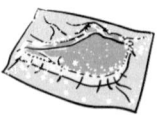

дълбоко замразена храна

заморожені продукти

нарязан колбас или ~~сирене~~
ковбасна нарізка

консерви

консерви

перилен препарат

пральний порошок

лакомства

солодощи

домакински изделия

предмети домашнього побуту

почистващи препарати

мийний засіб

продавачка

продавщиця

каса

каса

касиер

касир

списък на покупките

список покупок

работно време

часи роботи

портфейл

гаманець

кредитна карта

кредитна картка

чанта

сумка

пластмасова торба

поліетиленовий пакет

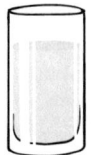

вода

вода

сок

сік

мляко

молоко

кола

кола

вино

вино

бира

пиво

алкохол

алкоголь

какао

какао

чай

чай

кафе машина

кава

еспресо

еспресо

капучино

капучіно

банан

банан

ябълка

яблуко

портокал

апельсин

пъпеш

кавун

лимон

лимон

морков

морква

чесън

часник

бамбук

бамбук

лук

цибуля

гъба

гриб

ядки

горішки

макарони

локшина

спагети

спагеті

ориз

рис

салата

салат

пържени картофи

картопля фрі

печени картофи

смажена картопля

пица

піца

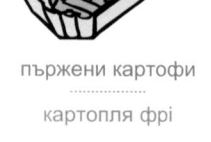

хамбургер

гамбургер

сандвич

бутерброд

шницел

шніцель

шунка

шинка

траен колбас

салямі

салам

ковбаса

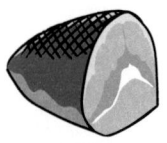

пиле

курка

печено

печеня

риба

риба

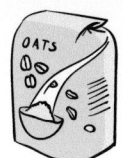

овесени ядки

вівсяні пластівці

мюсли

мюслі

корнфлейкс

кукурудзяні пластівці

брашно

борошно

кроасан

круасан

хлебчета

булочка

хляб

хліб

препечена филийка

тостовий хліб

бисквити

печиво

масло

масло

извара

сир

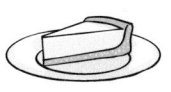

сладкиш

пиріг

яйце

яйце

яйца на очи

яєчня

сирене

сир

сладолед

морозиво

захар

цукор

мед

мед

мармалад

мармелад

нуга крем

нуга-крем

къри

карі

ядене - їжа

селски двор

ферма

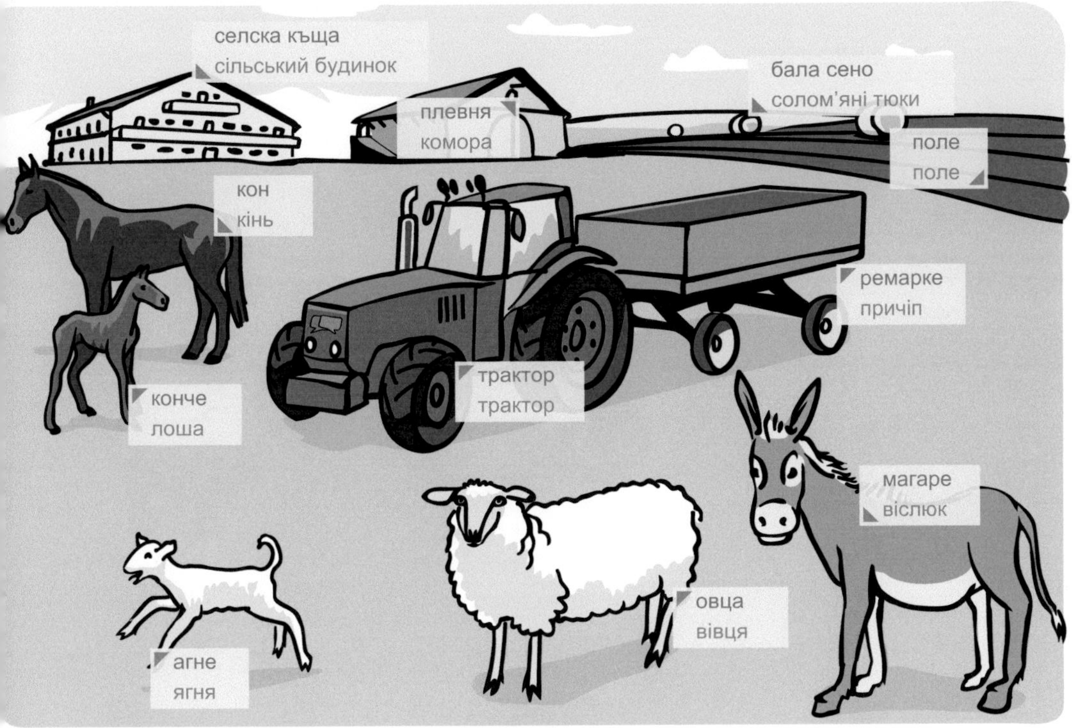
селска къща
сільський будинок
плевня
комора
бала сено
солом'яні тюки
поле
поле
кон
кінь
ремарке
причіп
трактор
трактор
конче
лоша
магаре
віслюк
овца
вівця
агне
ягня

коза

коза

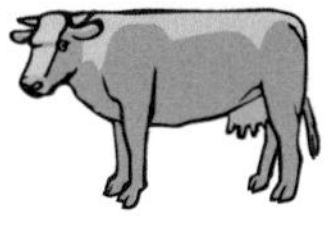

крава

корова

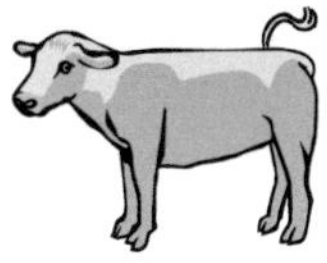

теле

теля

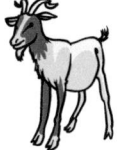

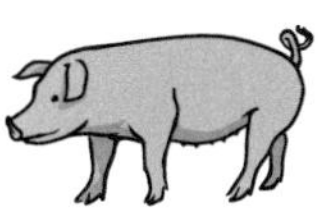

свиня

свиня

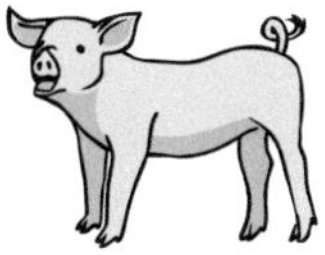

прасенце

порося

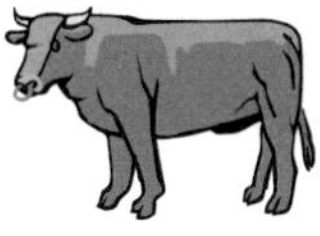

бик

бик

гъска

гусак

патица

качка

пиленце

курча

кокошка

курка

петел

півень

плъх

щур

котка

кіт

мишка

миша

вол

віл

куче

собака

кучешка колиба

собача будка

градински маркуч

садовий шланг

лейка

лійка

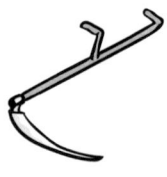

коса

коса

плуг

плуг

селски двор - ферма

сърп

серп

мотика

мотика

вила за тор

вила

брадва

сокира

ръчна количка

тачка

корито

корито

съд за мляко

бідон молока

чувал

мішок

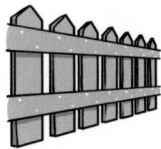

ограда

паркан

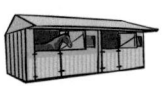

обор

хлів

парник

теплиця

земя

ґрунт

сеитба

насіння

тор

добриво

комбайн

комбайн

жъна
....
пожинати

реколта
....
урожай

ямс
....
корінь ямсу

жито
....
пшениця

соя
....
соя

картоф
....
картопля

царевица
....
кукурудза

рапица
....
ріпак

овощно дърво
....
плодове дерево

маниока
....
маніок

зърнени храни
....
злаки

селски двор - ферма

къща

дім

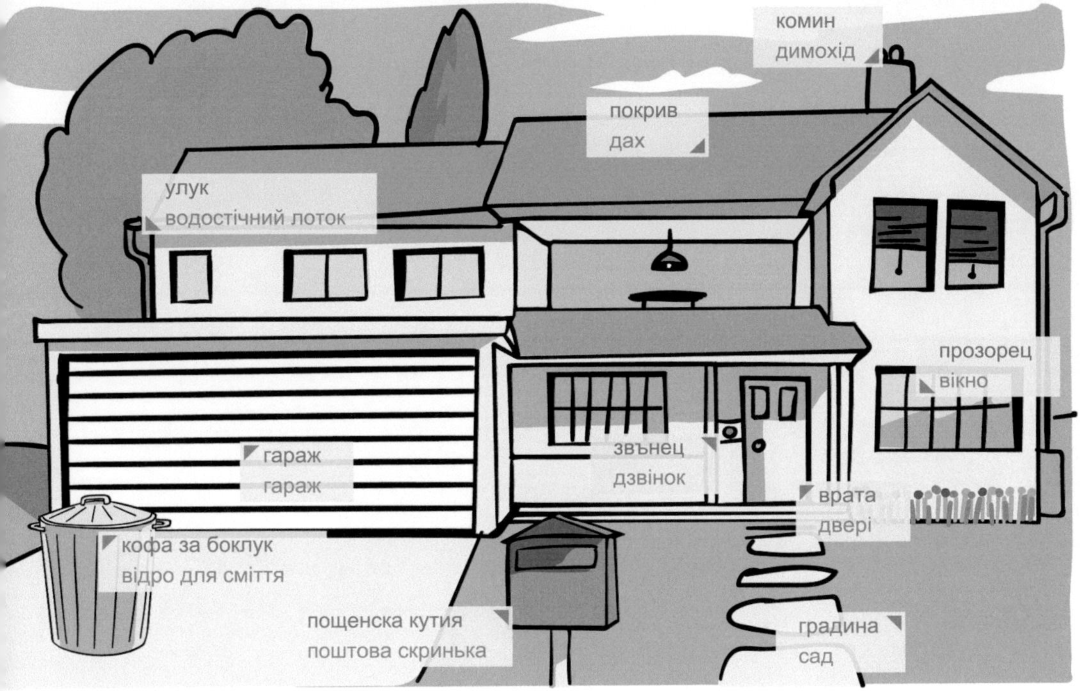

комин
димохід
покрив
дах
улук
водостічний лоток
прозорец
вікно
гараж
гараж
звънец
дзвінок
врата
двері
кофа за боклук
відро для сміття
пощенска кутия
поштова скринька
градина
сад

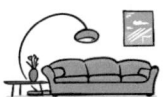

всекидневна

вітальня

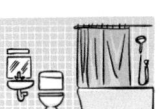

баня

ванна кімната

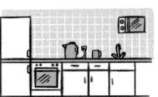

кухня

кухня

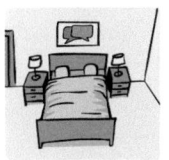

спалня

спальня

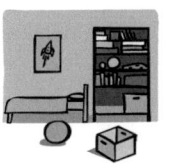

детска стая

дитяча кімната

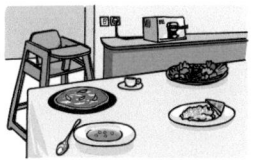

трапезария

їдальня

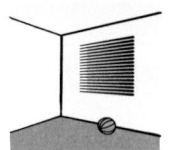

под

підлога

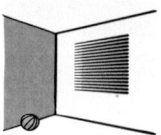

стена

стіна

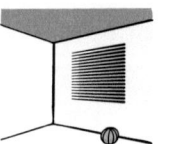

таван

стеля

изба

підвал

сауна

сауна

балкон

балкон

тераса

тераса

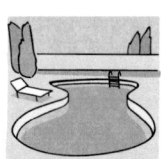

плувен басейн

басейн

косачка

косарка

спално бельо

простирало

покривка за легло

ковдра

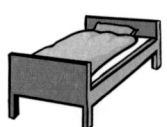

легло

ліжко

метла

мітла

кофа

відро

електрически ключ

перемикач

всекидневна
вітальня

тапет
шпалери
картина
малюнок
лампа
лампа
рафт
поличка
шкаф
шафа
телевизор
телевізор
камина
камін
цвете
квітка
възглавница
подушка
канапе
диван
ваза
ваза
дистанционно управление
пульт

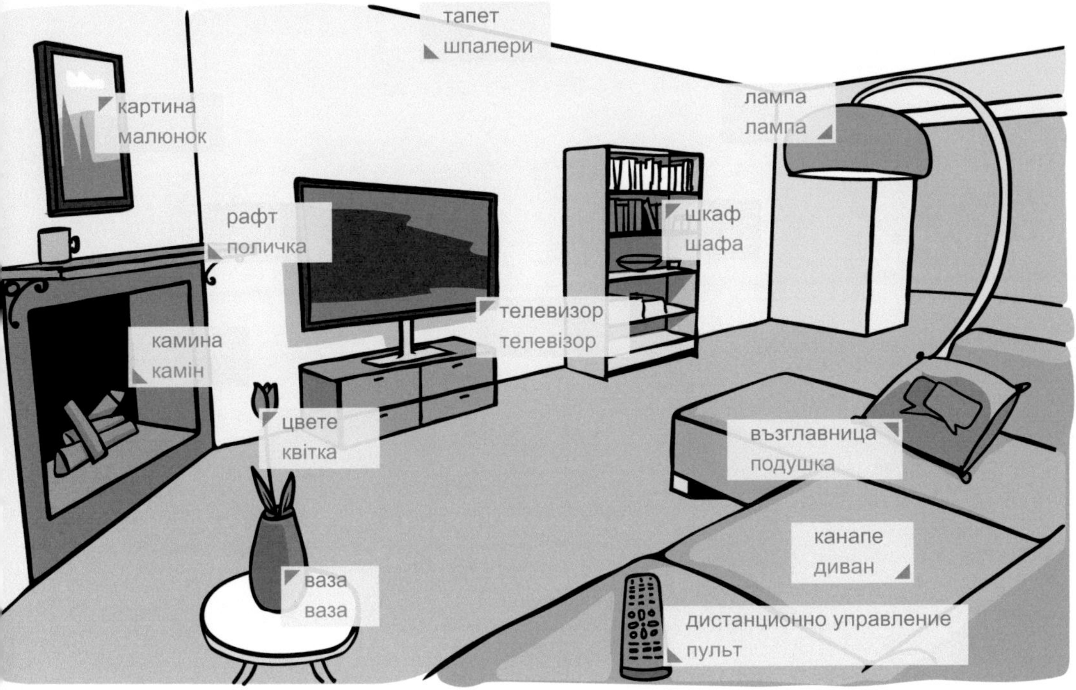

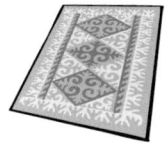

килим
килим

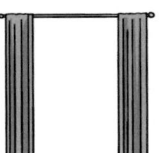

завеса
завіса

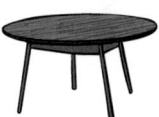

маса
стіл

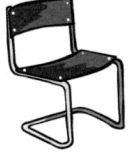

стол
стілець

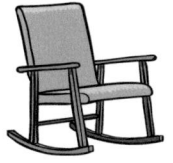

люлеещ се стол
крісло-гойдалка

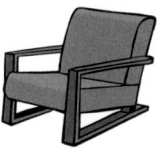

кресло
крісло

книга

книга

одеяло

ковдра

декорация

прикраса

дърва за отопление

дрова

филм

фільм

стерео уредба

стереосистема

ключ

ключ

вестник

газета

живопис

картина

постер

плакат

радио

радіо

бележник

блокнот

прахосмукачка

пилосос

кактус

кактус

свещ

свічка

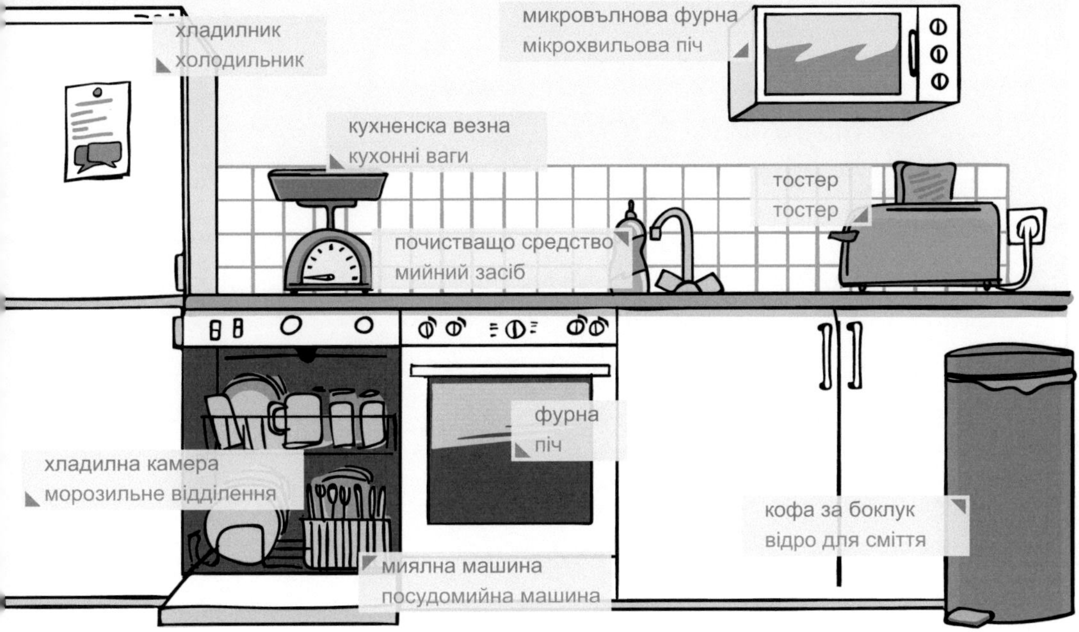

хладилник
холодильник

микровълнова фурна
мікрохвильова піч

кухненска везна
кухонні ваги

тостер
тостер

почиставащо средство
мийний засіб

фурна
піч

хладилна камера
морозильне відділення

кофа за боклук
відро для сміття

миялна машина
посудомийна машина

готварска печка
плита

тенджера
горщик

желязна тенджера
чавунний горщик

уок / кадаи
вок / кадай

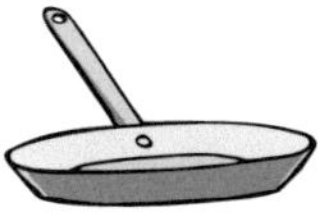

тиган
сковорода

кана за затопляне на вода
чайник

уред за готвене на пара

пароварка

тава за печене

лист

съдове

посуд

чаша

кухоль

купа

чаша

клечки за хранене

палички для їжі

черпак

черпак

лопатка за тиган

лопатка

тел за разбиване (на яйца, белтъци)

вінчик для збивання

кошница за варене

сито

гевгир

сито

ренде

терка

хаван

ступка

барбекю

барбекю

огнище

багаття

дъска

дошка

точилка

качалка

тирбушон

штопор

кутия

конзерва

отварачка за консерви

відкривачка

кухненска ръкохватка

прихватки

мивка

раковина

четка

щітка

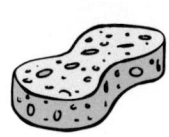

гъба

губка

миксер

міксер

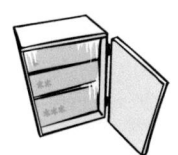

фризер

морозильна камера

бебешко шише

дитяча пляшка

воден кран

кран

баня

ванна кімната

отопление
опалення
хавлиена кърпа
рушник
шампоан за вана
піниста ванна
вана
ванна
пераλна машина
пральна машина
душ
душ
завеса за баня
душова завіса
стъклена чаша
склянка
воден кран
кран
плочки
плитка
гърне
горшок
мивка
раковина

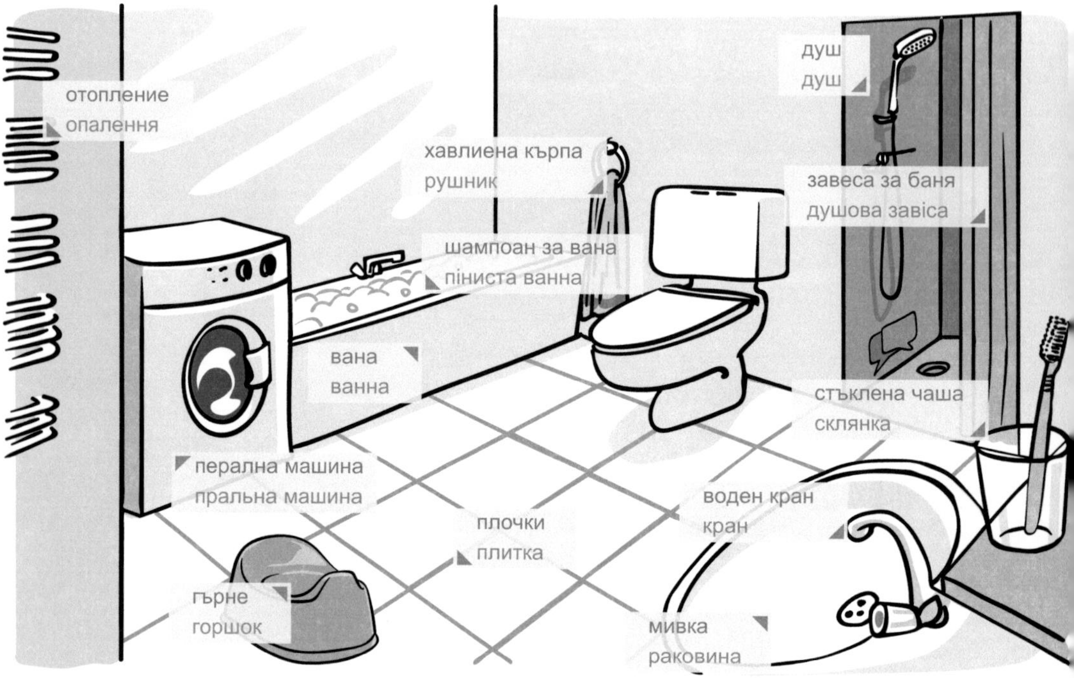

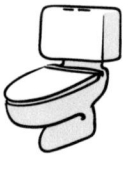

тоалетна

туалет

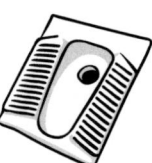

клекало

підлоговий туалет

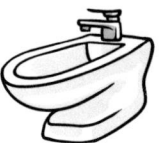

биде

біде

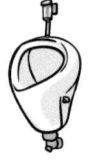

писоар

пісуар

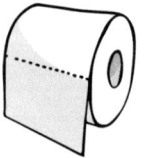

тоалетна хартия

туалетний папір

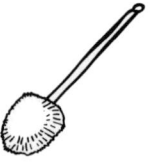

четка за тоалетна

щітка для туалету

четка за зъби

зубна щітка

паста за зъби

зубна паста

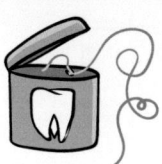

конец за зъби

нитка для чищення зубів

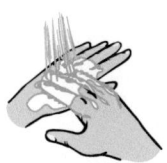

мия

мити

ръчен душ

ручний душ

интимен душ

інтимний душ

леген

таз

четка за гръб

щітка для спини

сапун

мило

душ гел

гель для душу

шампоан за вана

шампунь

гъба за баня

мочалка

сифон

водостік

крем

крем

дезодорант

дезодорант

огледало

дзеркало

козметично огледало

косметичне дзеркало

ръчна самобръсначка

бритва

пяна за бръснене

піна для гоління

одеколон за след бръснене

лосьйон після гоління

гребен

гребінь

четка

щітка

сешоар

фен

спрей за коса

лак для волосся

грим

косметика

червило

губна помада

лак за нокти

лак для нігтів

памук

вата

ножица за нокти

ножиці для нігтів

парфюм

парфум

тоалетна чантичка

косметичка

табуретка

табурет

везна

ваги

хавлия

халат

домакински ръкавици

гумові рукавички

тампон

тампон

дамски превръзки

гігієнічні прокладки

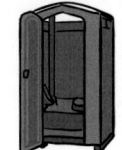

химическа тоалетна

біотуалет

детска стая

дитяча кімната

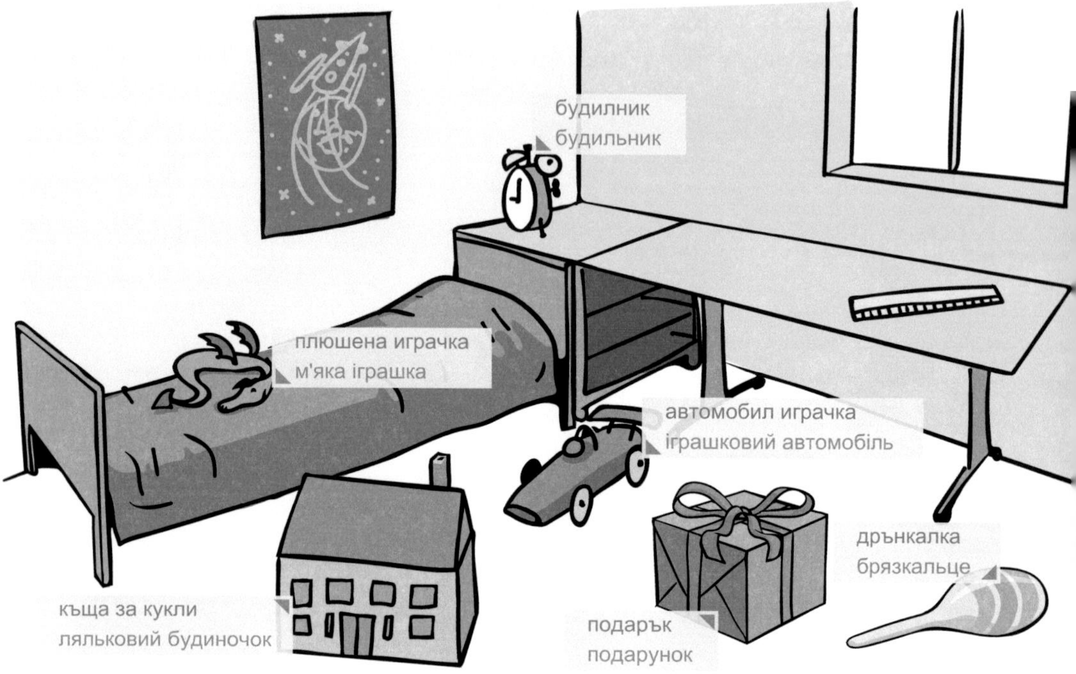
будилник
будильник
плюшена играчка
м'яка іграшка
автомобил играчка
іграшковий автомобіль
дрънкалка
брязкальце
къща за кукли
ляльковий будиночок
подарък
подарунок

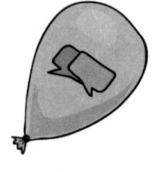

балон

повітряна кулька

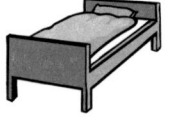

легло

ліжко

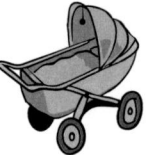

детска количка

дитячий візок

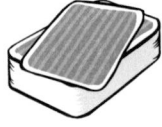

игра на карти

картярська гра

пъзел

пазл

SUPER
MEGA

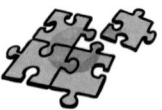

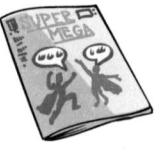

комикс

комікс

лего елементи

лего цеглинки

строителни елементи

блоки

екшън фигурка

іграшкова фігурка

бебешки гащеризон

повзунки

фрисби

фризбі

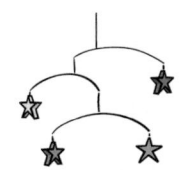

бебешки играчки за легло

мобіле

настолна игра

настільна гра

зарче

кубик

миниатюрно влакче

модель залізнична станція

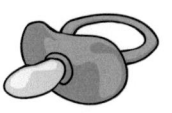

биберон

соска

парти

вечірка

детска книга с илюстрации

книжка з картинками

топка

м'яч

кукла

лялька

играя

грати

пясъчник

пісочниця

люлка

гойдалка

играчка

іграшка

игрова конзола

гральна консоль

велосипед с три колелета

триколісний велосипед

плюшено мече

плюшевий мішка

гардероб

шафа

облекло

одяг

къси чорапи

шкарпетки

дълги чорапи

панчохи

чорапогащник

колготки

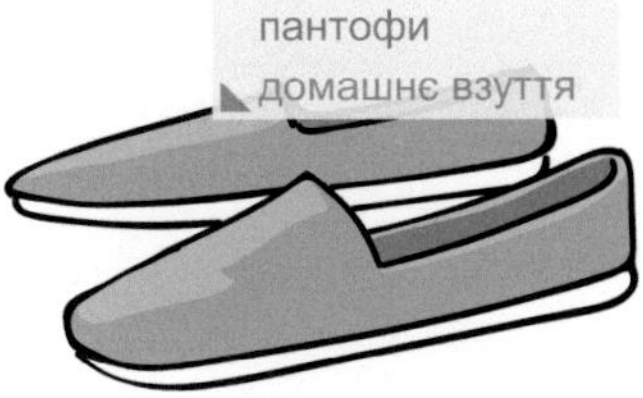

шал
шарф

чадър
парасоля

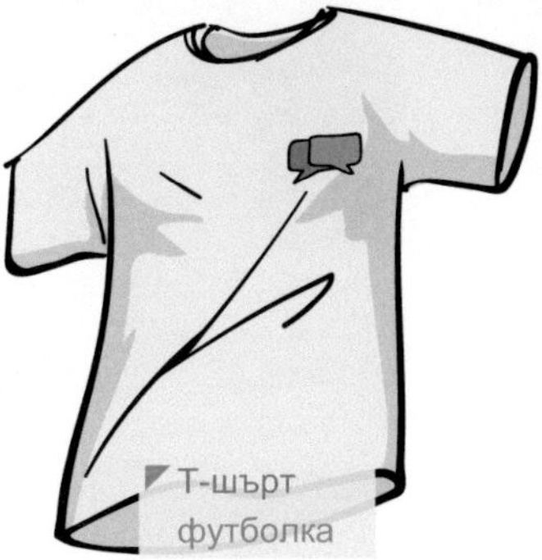

Т-шърт
футболка

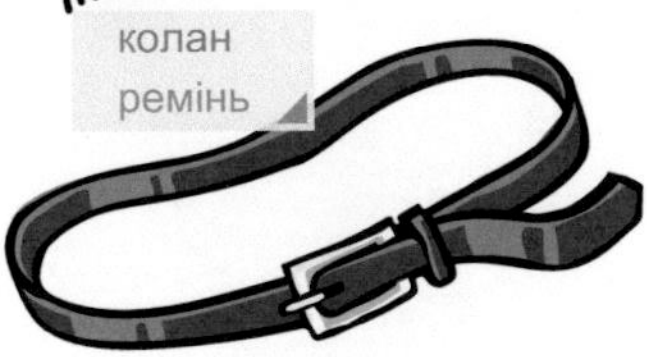

колан
ремінь

ботуши
чоботи

пантофи
домашнє взуття

гуменки
кросівки

сандали
сандалі

обувки
взуття

гумени ботуши
гумові чоботи

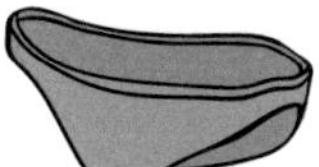

слип
труси

сутиен
бюстгальтер

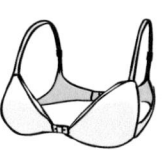

долна блуза
нижня сорочка

боди

боді

панталон

штани

дънки

джинси

пола

спідниця

блуза

блузка

риза

сорочка

пуловер

пуловер

суичър

светр

блейзър

піджак

яке

куртка

палто

пальто

дъждобран

дощовик

костюм

костюм

рокля

сукня

булчинска рокля

весільна сукня

костюм

костюм

нощница

нічна сорочка

пижама

піжама

сари

сарі

кърпа за глава

головна хустка

тюрбан

чалма

бурка

бурка

кафтан

кафтан

абая

абая

бански костюм

купальник

плувни шорти

плавки

къс панталон

шорти

анцуг

тренувальний костюм

престилка

фартух

ръкавици

рукавички

облекло - одяг

копче

гудзик

очила

окуляри

гривна

браслет

верижка

ланцюг

пръстен

кільце

обеца

сережка

каскет

шапка

закачалка

плічка

шапка

капелюх

вратовръзка

краватка

цип

застібка-блискавка

каска

шолом

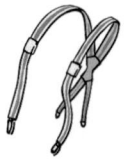

тиранти

підтяжки

ученическа униформа

шкільна форма

униформа

уніформа

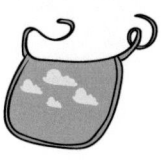

лигавник

нагрудник

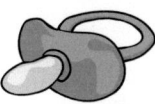

биберон

соска

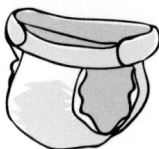

пелена

підгузок

офис

офіс

сървър
сервер
шкаф за документи
шаф для документів
принтер
принтер
хартия
папір
монитор
монітор
бюро
письмовий стіл
мишка
миша
папка
папка
клавиатура
синтезатор
кошче за хартиени отпадъци
кошик для паперу
компютър
комп'ютер
стол
стілець

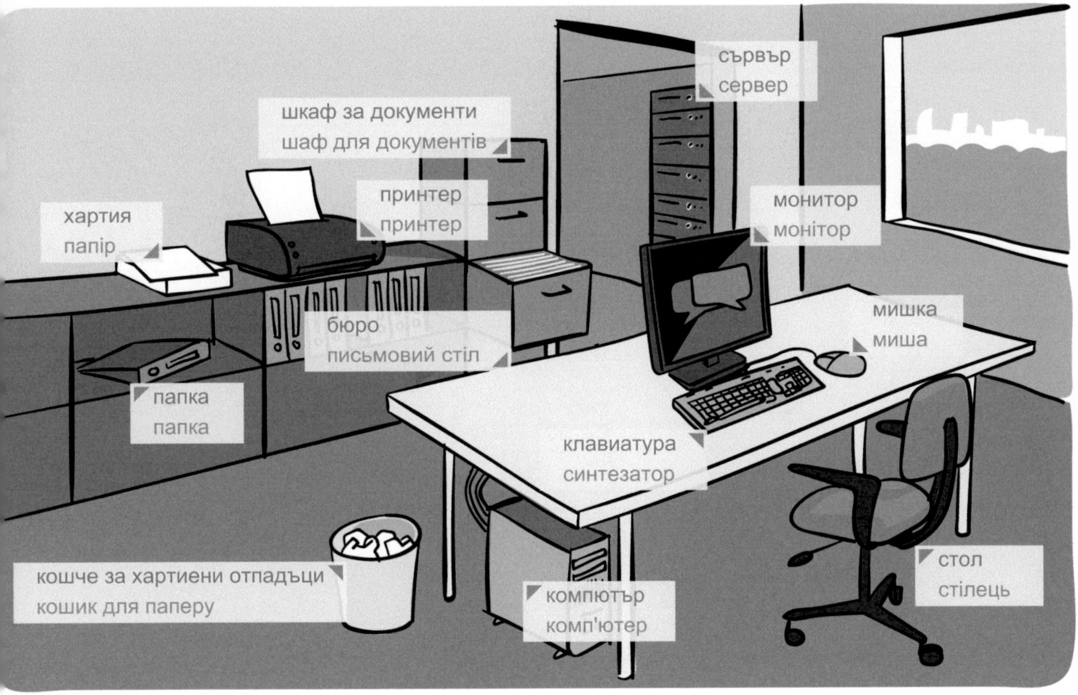

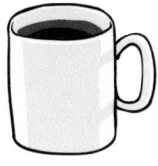

чаша за кафе

кавовий кухоль

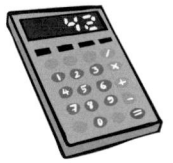

джобен калкулатор

калькулятор

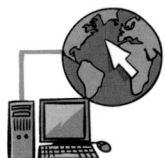

интернет

інтернет

лаптоп

ноутбук

писмо

лист

съобщение

повідомлення

мобилен телефон

мобільний телефон

мрежа

мережа

ксерокс

копіювальний пристрій

софтуер

програмне забезпечення

телефон

телефон

контакт

розетка

факс

факс

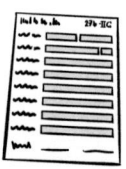

формуляр

бланк

формуляр... документ

документ

документ

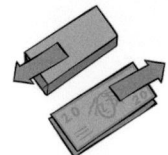

купувам
купувати

плащам
платити

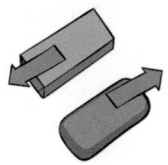

търгувам
торгувати

пари
гроші

долар
долар

евро
євро

йена
ієна

рубла
рубль

швейцарски франк
франк

ренминби юан
юанів женьміньбі

рупия
рупія

банкомат
банкомат

обменно бюро
обмінний пункт

злато
золото

сребро
срібло

нефт
нафта

енергия
енергія

цена
ціна

договор
контракт

данък
податок

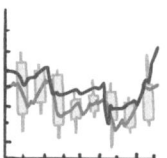

акция
акція

работя
працювати

служител
працівник

работодател
роботодавець

фабрика
фабрика

магазин за цветя
магазин

професии

професії

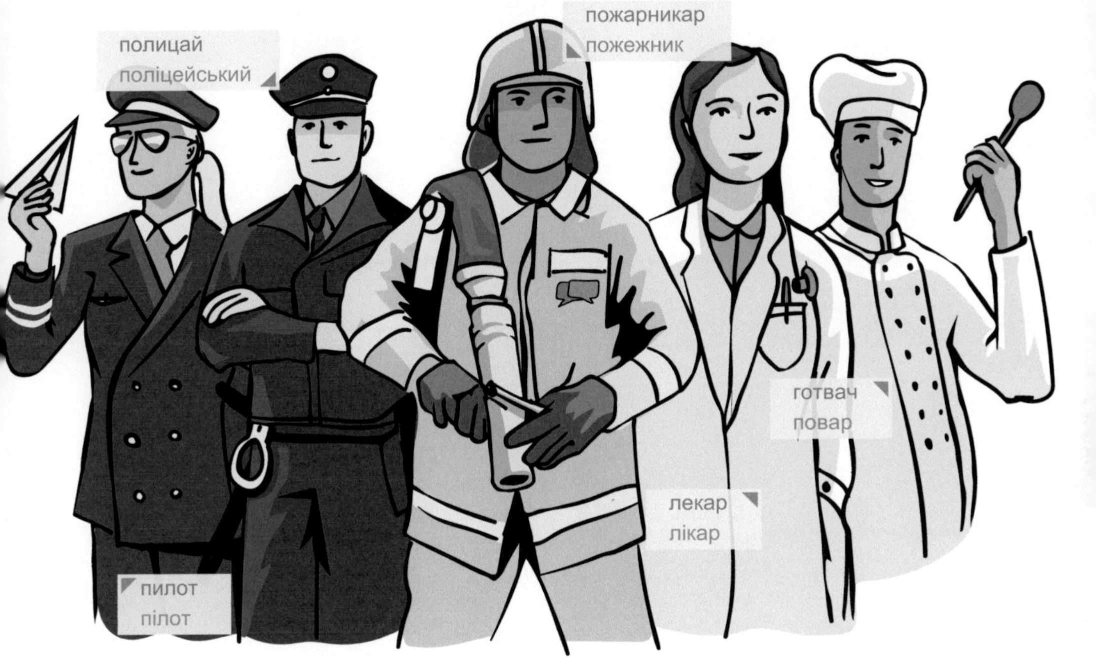

полицай
поліцейський
пожарникар
пожежник
готвач
повар
лекар
лікар
пилот
пілот

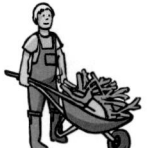

градинар

садівник

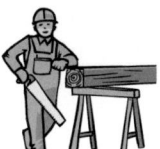

мебелист

столяр

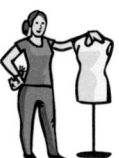

шивачка

швачка

съдия

суддя

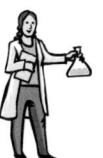

химик

хімік

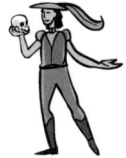

артист

актор

шофьор на автобус

водій автобуса

шофьор на такси

таксист

рибар

рибалка

чистачка

прибиральниця

майстор на покриви

покрівельник

келнер

офіціант

ловец

мисливець

художник

художник

хлебар

пекар

електротехник

електрик

строителен работник

будівельник

инженер

інженер

касапин

забійник

тенекеджия

бляхар

пощальон

листоноша

войник

солдат

архитект

архітектор

касиер

касир

цветар

флорист

фризьор

перукар

кондуктор

кондуктор

механик

механік

капитан

капітан

зъболекар

дантист

научен работник

вчений

равин

рабин

имàм

імам

монах

монах

свещеник

пастор

инструменти
інструменти

клещи
щипці
чук
молоток
отвертка
викрутка
гаечен ключ
гайковий ключ
джобна лампа
кишеньковий ліх

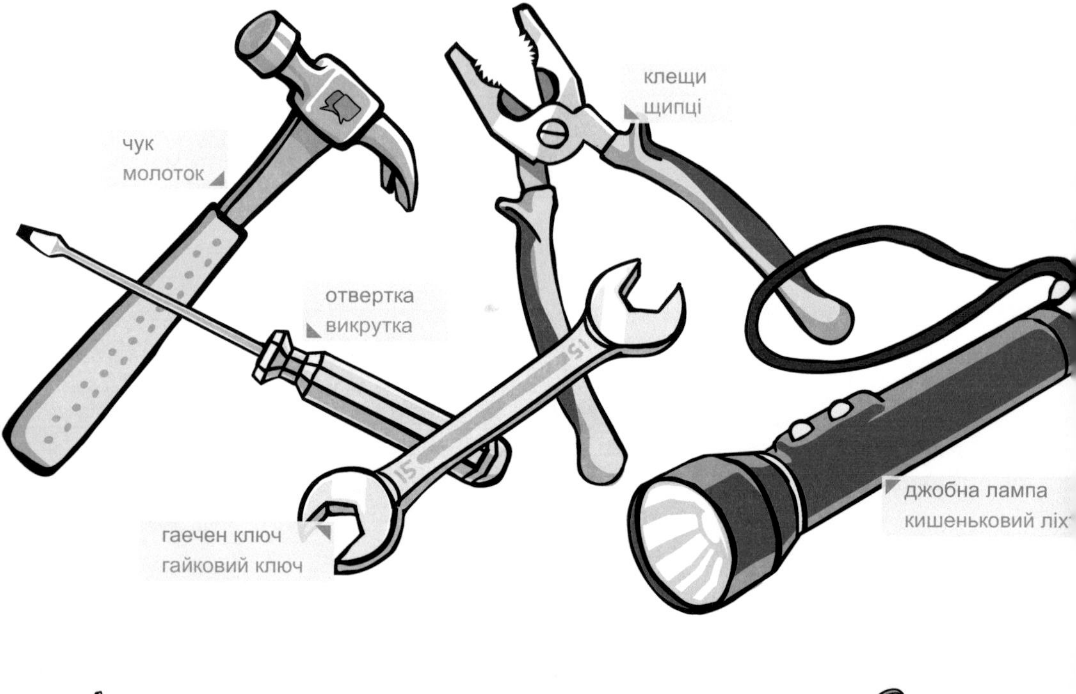

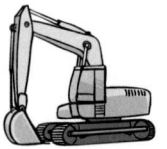

багер

екскаватор

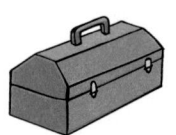

кутия за инструменти

ящик для інструментів

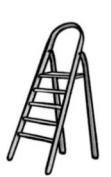

стълба

драбина

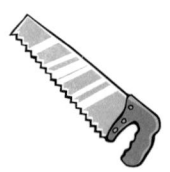

трион

пилка

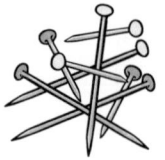

пирони

цвяхи

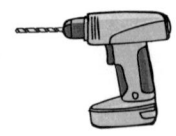

бормашина

свердло

ремонтирам

ремонтувати

лопата

лопата

По дяволите!

лайно!

лопатка за смет

совок

кутия за боя

відро з фарбою

болтове

гвинти

музикални инструменти
музичні інструменти

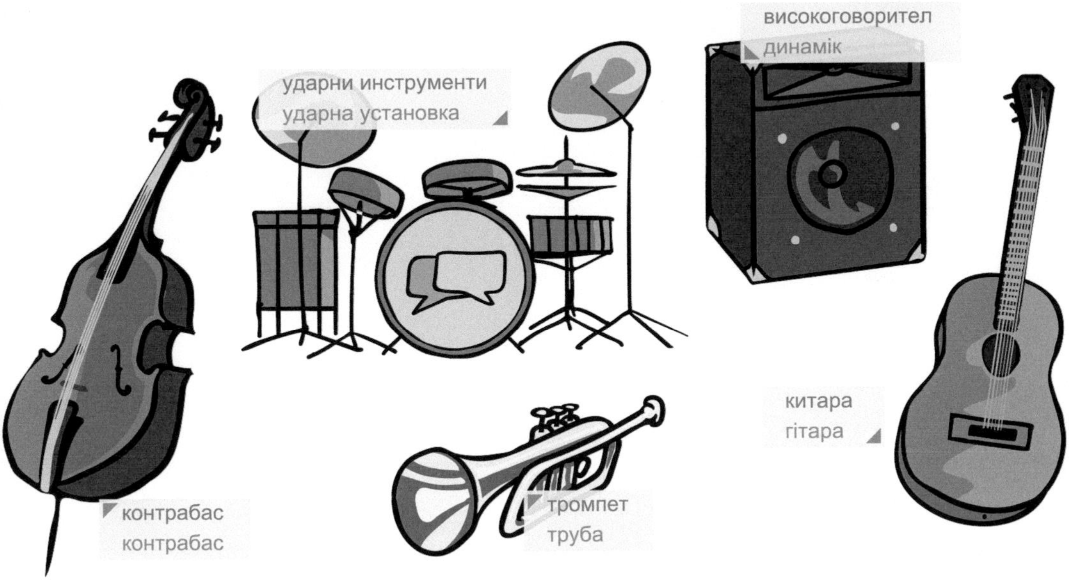

ударни инструменти
ударна установка

високоговорител
динамік

контрабас
контрабас

тромпет
труба

китара
гітара

пиано

фортепіано

виолина

скрипка

контрабас

бас

тимпан

литаври

барабан

барабан

електрическо пиано

клавіатура

саксофон

саксофон

флейта

флейта

микрофон

мікрофон

зоологическа градина
зоопарк

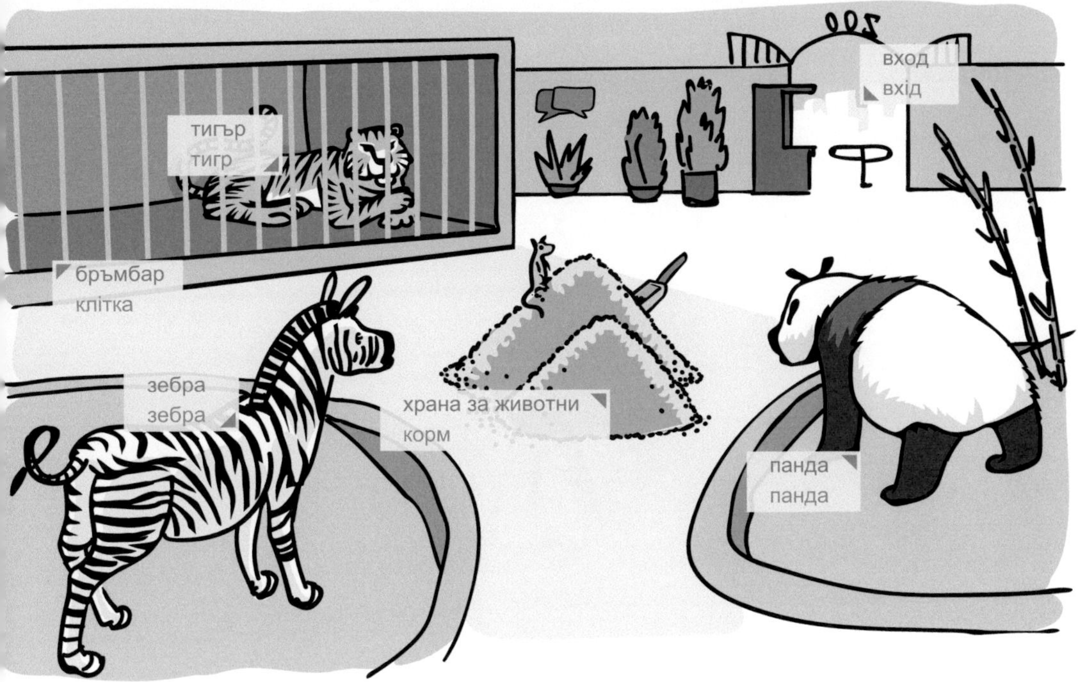

вход
вхід
тигър
тигр
бръмбар
клітка
зебра
зебра
храна за животни
корм
панда
панда

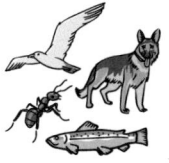

животни
тварини

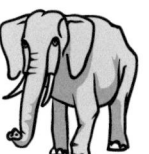

слон
слон

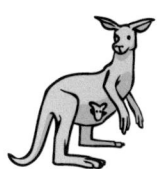

кенгуру
кенгуру

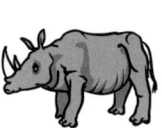

носорог
носоріг

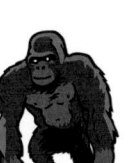

горила
горила

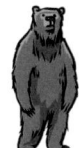

мечка
ведмідь

камила

верблюд

щраус

страус

лъв

лев

маймуна

мавпа

фламинго

фламінго

папагал

папуга

бяла мечка

білий ведмідь

пингвин

пінгвін

акула

акула

паун

павич

змия

змія

крокодил

крокодил

пазач в зоологическа
градина

працівник зоопарку

тюлен

тюлень

ягуар

ягуар

пони

поні

леопард

леопард

хипопотам

гіпопотам

жираф

жираф

орел

орел

диво прасе

кабан

риба

риба

костенурка

черепаха

морж

морж

лисица

лисиця

газела

газель

американски футбол
американський футбол

колоездене
їзда на велосипеді

тенис
теніс

баскетбол
баскетбол

плуване
плавання

бокс
бокс

хокей на лед
хокей

футбол
футбол

бадминтон
бадмінтон

лека атлетика
легка атлетика

хандбал
гандбол

ски бягане
лижні перегони

поло
поло

дейности

дії

смея се
сміятися
скачам
стрибати
прегръщам
обіймати
вървя
йти
пея
співати
сънувам
мріяти
моля се
молитися
целувам
цілувати

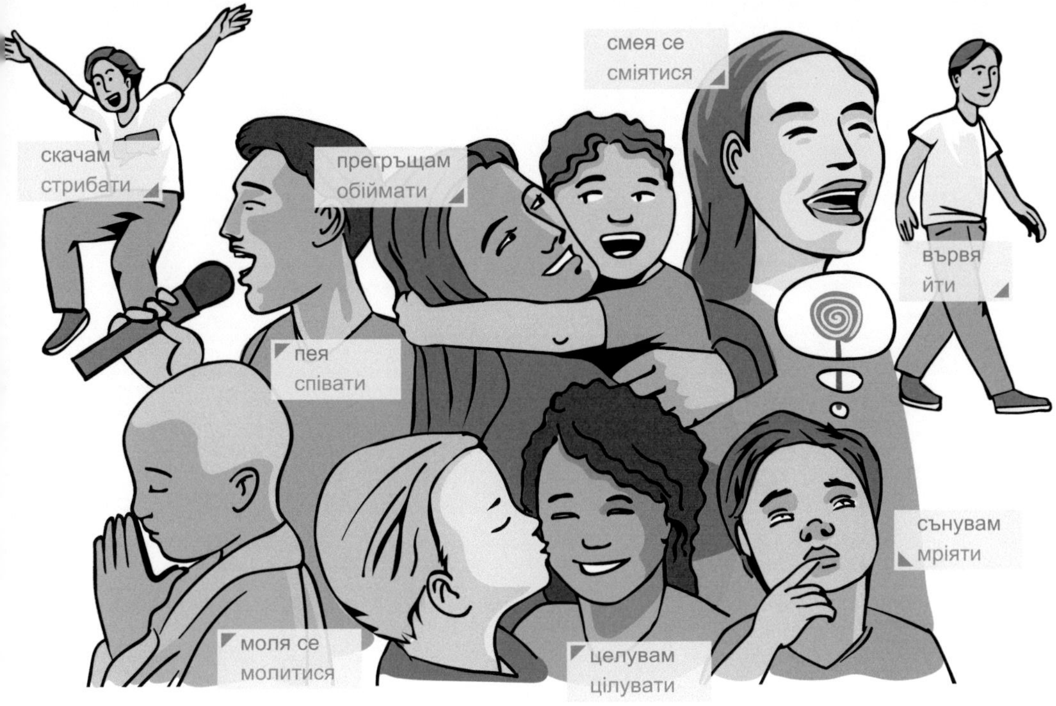

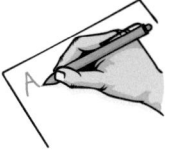

пиша
писати

рисувам
малювати

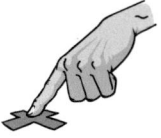

показвам
показувати

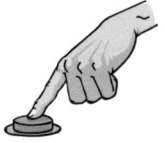

бутам
тиснути

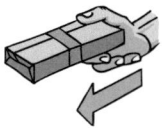

давам
давати

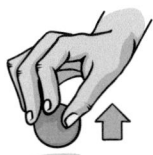

взимам
брати

имам
....
мати

правя
....
робити

съм
....
бути

стоя
....
стояти

тичам
....
бігати

дърпам
....
тягнути

хвърлям
....
кидати

падам
....
падати

лежа
....
лежати

чакам
....
очікувати

нося
....
носити

седя
....
сидіти

обличам
....
одягати

спя
....
спати

събуждам се
....
просипатися

разглеждам

дивитися

плача

плакати

милвам

гладити

реша се

розчісувати

говоря

розмовляти

разбирам

розуміти

питам

питати

слушам

слухати

пия

пити

ям

їсти

разтребвам

прибирати

обичам

любити

готвя

варити

карам автомобил

їхати

летя

літати

плавам (с платна)

йти під вітрилом

смятане

рахувати

чета

читати

уча

вчитися

работя

працювати

женя се

одружуватися

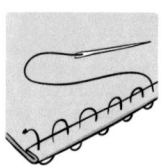

шия

шити

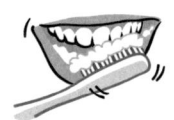

измивам си зъбите

чистити зуби

убивам

убивати

пуша

курити

изпращам

посилати

баба
бабуся

дядо
дідуся

баща
батько

майка
мати

бебе
немовля

дъщеря
донька

син
син

посетител

гість

леля

тітка

чичо

дядько

брат

брат

сестра

сестра

тяло

тіло

чело
чоло
око
око
рамо
плече
пръст
палець
лице
обличчя
брадичка
підборіддя
ръка
кисть
гърди
груди
крак
нога
ръка
рука

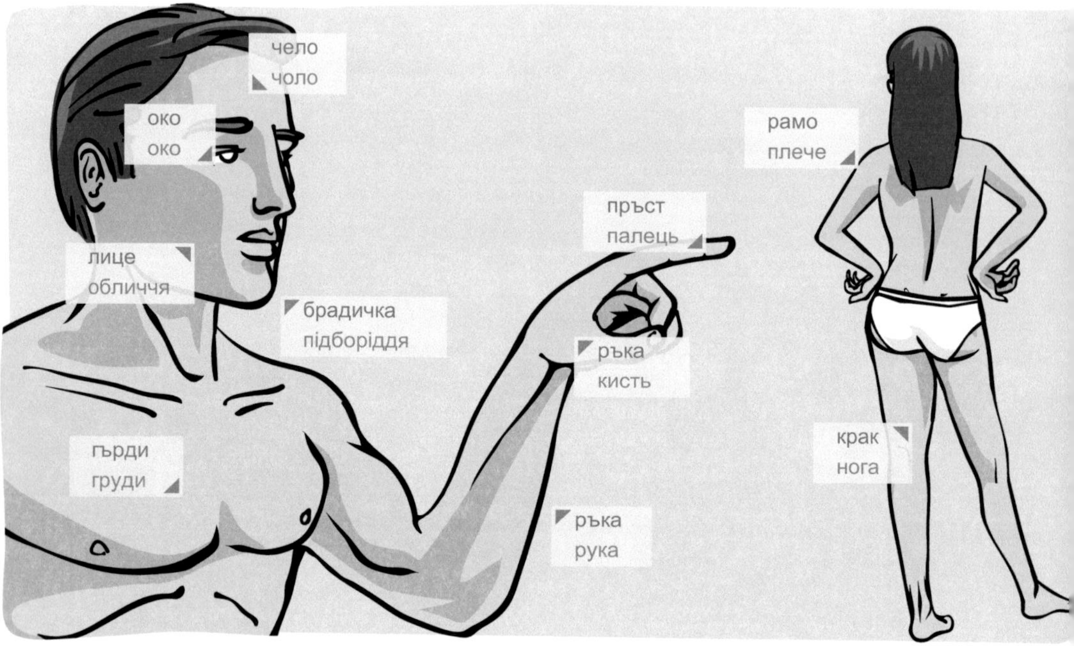

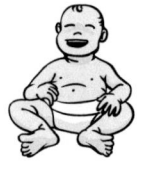

бебе

немовля

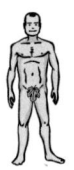

мъж

чоловік

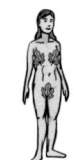

жена

жінка

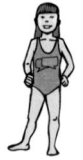

момиче

дівчина

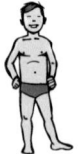

момче

хлопчик

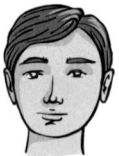

глава

голова

гръб

спина

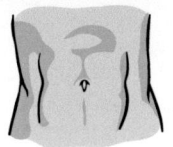

корем

живіт

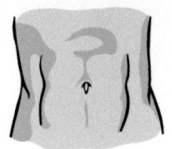

пъп

пуп

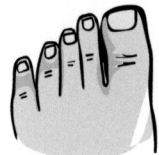

пръст на крака

палець ноги

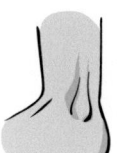

пета

п'ята

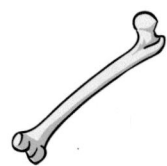

кост

кістка

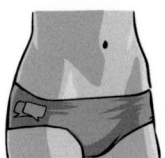

хълбок

стегно

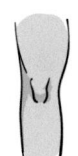

коляно

коліно

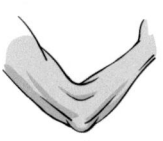

лакът

лікоть

нос

ніс

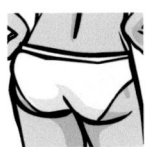

седалище

сідниці

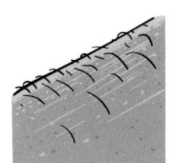

кожа

шкіра

буза

щока

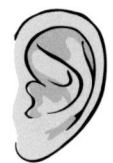

ухо

вухо

устна

губа

уста

рот

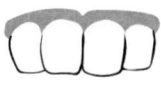

зъб

зуб

език

язик

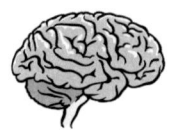

мозък

мозок

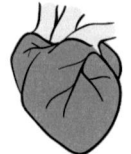

сърце

серце

мускул

м'яз

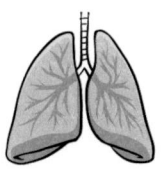

бял дроб

легені

черен дроб

печінка

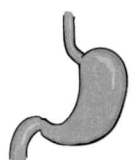

стомах

шлунок

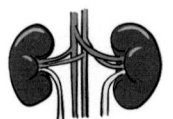

бъбреци

нирки

полово сношение

статевий акт

кондом

презерватив

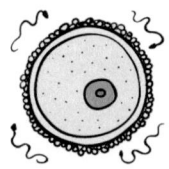

яйцеклетка

яйцеклітина

сперма

сперма

бременност

вагітність

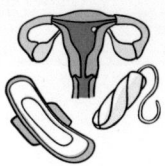

менструация

менструація

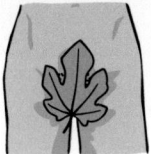

вагина

вагіна

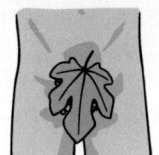

пенис

пеніс

вежда

брова

коса

волосся

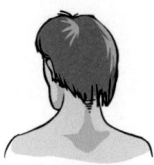

шия

шия

тяло - тіло

болница

лікарня

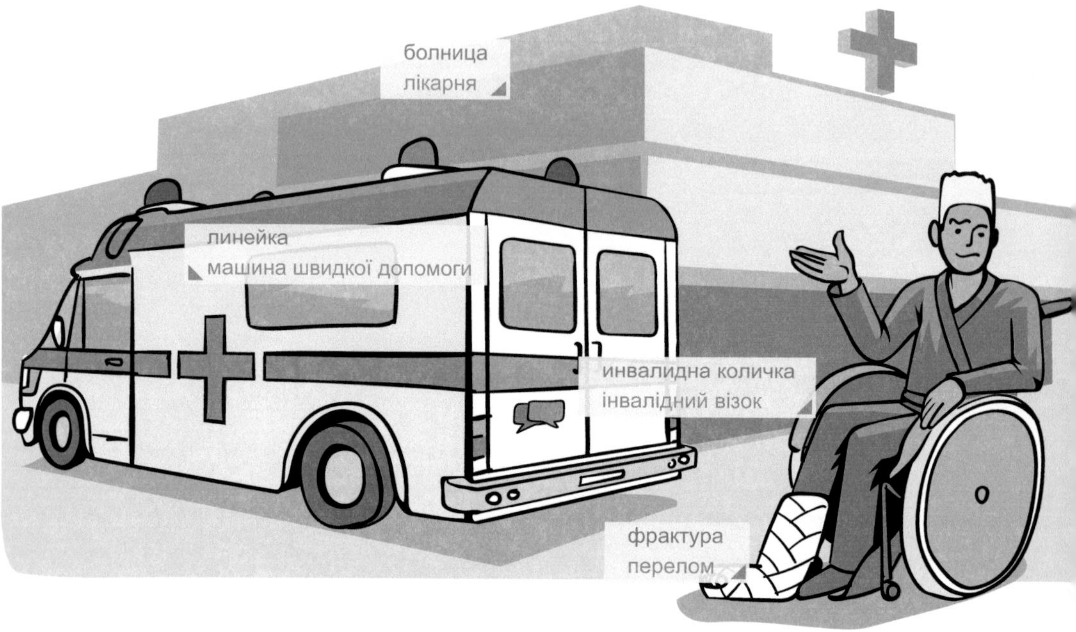

болница
лікарня
линейка
машина швидкої допомоги
инвалидна количка
інвалідний візок
фрактура
перелом

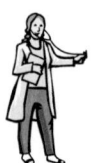

лекар

лікар

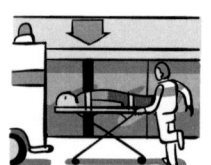

спешна хоспитализация

відділення швидкої медичної допомоги

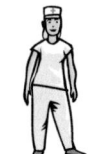

медицинска сестра

медсестра

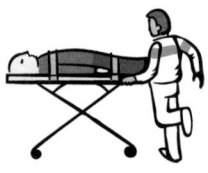

спешен случай

аварійний випадок

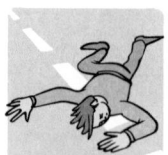

в безсъзнание

непритомний

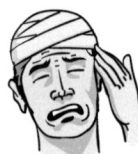

болка

біль

нараняване

травма

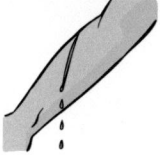

кървене

кровотеча

инфаркт

інфаркт

инсулт

інсульт

алергия

алергія

кашлица

кашель

температура

лихоманка

грип

грип

диария

пронос

главоболие

головна біль

рак

рак

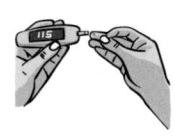

диабет

діабет

хирург

хірург

скалпел

скальпель

операция

операція

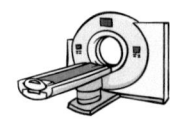

компютърна томография

КТ

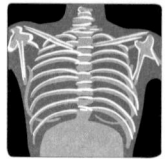

рентген

рентген

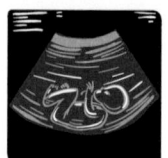

ултразвук

ультразвук

маска

маска

болест

хвороба

чакалня

зал очікування

патерица

милиця

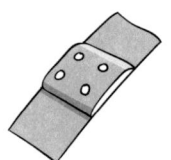

пластир

пластир

превръзка

пов'язка

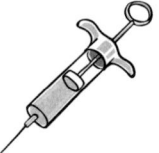

инжекция

ін'єкція

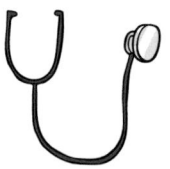

стетоскоп

стетоскоп

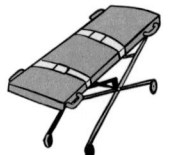

носилка

ноші

термометър

термометр

раждане

народження

наднормено тегло

надмірна вага

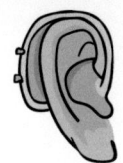

слухов апарат

слуховий апарат

дезинфекционно средство

дезінфікуючий засіб

инфекция

інфекція

вирус

вірус

HIV / AIDS

ВІЛ / СНІД

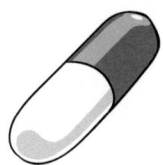

медицина

медицина

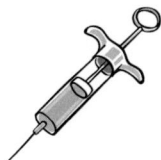

ваксинация

вакцинація

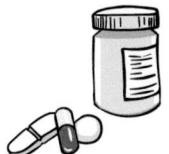

таблети

таблетки

противозачатъчна таблетка
протизаплідна пігулка

спешно телефонно обаждане
екстрений виклик

апарат за измерване на кръвното налягане

тонометр

болен / здрав

хворий / здоровий

Помощ!

Допоможіть!

сигнал за тревога

сигнал тривоги

нападение

напад

атака

атака

опасност

небезпека

авариен изход

аварійний вихід

Пожар!

Вогонь!

пожарогасител

вогнегасник

злополука

аварія

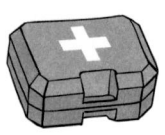

комплект за оказване на
първа помощ

аптечка

SOS

СОС

полиция

поліція

Европа

Європа

Северна Америка

Північна Америка

Южна Америка

Південна Америка

Африка

Африка

Азия

Азія

Австралия

Австралія

Атлантически океан

Атлантика

Тихи океан

Тихий океан

Индийски океан

Індійський океан

Южен ледовит океан

Антарктичний океан

Северен ледовит океан

Північний Льодовитий океан

Северен полюс

Північний полюс

Южен полюс

Південний полюс

Антарктида

Антарктика

Земя

Земля

суша

суша

море

море

остров

острів

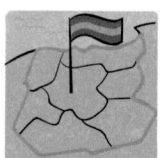

нация

нація

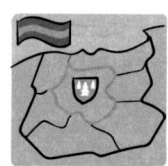

държава

держава

циферблат

циферблат

стрелка на часовете

годинникова стрілка

стрелка на минутите

хвилинна стрілка

стрелка на секундите

секундна стрілка

Колко е часът?

Котра година?

ден

день

време

час

сега

зараз

дигитален часовник

цифровий годинник

минута

хвилина

час

година

седмица

тиждень

понеделник
Понеділок

сряда
Середа

петък
П'ятниця

вторник
Вівторок

четвъртък
Четвер

събота
Субота

неделя
Неділя

вчера

вчора

днес

сьогодні

утре

завтра

сутрин

ранок

обед

опівдні

вечер

вечір

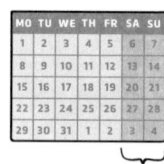

работни дни

робочі дні

уикенд

кінець робочого тижня

година

рік

дъжд
дощ
дъга
веселка
вятър
вітер
сняг
сніг
пролет
весна
есен
осінь
лято
літо
зима
зима

4.APRIL 11°
5.APRIL 4°
6.APRIL 13°
7.APRIL 8°
8.APRIL 10°

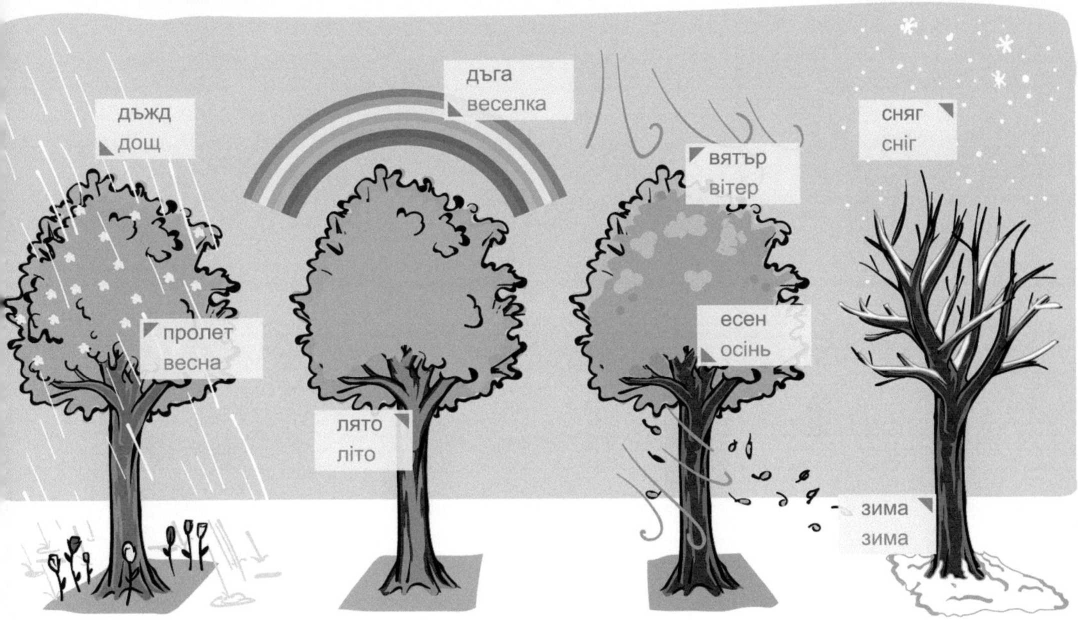

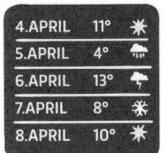

прогноза за времето

прогноз погоди

F
C
120
90
60
30
0
-30
40
30
20
10
0
-10
-20

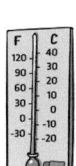

термометър

термометр

слънчева светлина

сонячне світло

облак

хмара

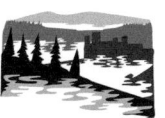

мъгла

туман

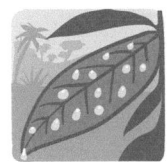

влажност на въздуха

вологість повітря

светкавица

блискавка

гръмотевица

грім

буря

шторм

градушка

град

мусон

мусон

наводнение

повінь

лед

лід

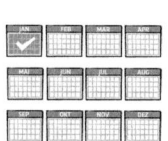

януари

Січень

февруари

Лютий

март

Березень

април

Квітень

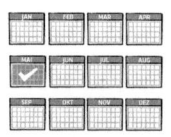

май

Травень

юни

Червень

юли

Липень

август

Серпень

септември

Вересень

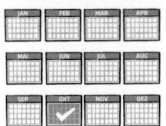

октомври

Жовтень

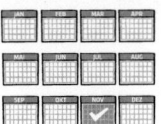

ноември

Листопад

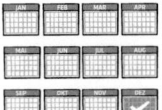

декември

Грудень

форми

форми

кръг

круг

квадрат

квадрат

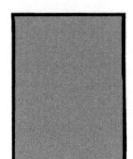

четириъгълник

прямокутник

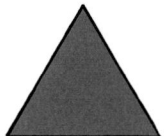

триъгълник

трикутник

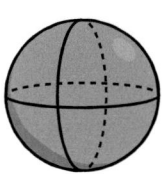

сфера

куля

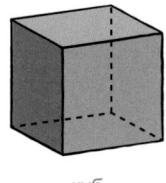

куб

куб

бял

білий

жълт

жовтий

оранжев

помаранчевий

розов

рожевий

червен

червоний

лилав

фіолетовий

син

синій

зелен

зелений

кафяв

коричневий

сив

сірий

черен

чорний

много / малко

багато / мало

ядосан / спокоен

лютий / мирний

красив / грозен

гарний / бридкий

начало / край

початок / кінець

голям / малък

великий / малий

светъл / тъмен

світлий / темний

брат / сестра

брат / сестра

чист / мръсен

чистий / брудний

пълен / непълен

завершений /
незавершений

ден / нощ

день / ніч

мъртъв / жив

мертвий / живий

широк / тесен

широкий / вузький

ядлив / неядлив

їстівний / неїстівний

сърдит / любезен

злий / дружній

развълнуван / скучаещ

збуджений / нудьгуючий

дебел / тънък

товстий / тонкий

най-напред / най-накрая

спочатку / востаннє

приятел / враг

друг / ворог

пълен / празен

повний / порожній

твърд / мек

жорсткий / м'який

тежък / лек

важкий / легкий

глад / жажда

голод / спрага

болен / здрав

хворий / здоровий

нелегален / легален

незаконний / законний

интелигентен / глупав

розумний / дурний

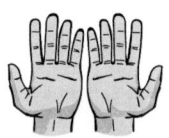

ляво / дясно

вліво / вправо

близо / далече

поруч / далеко

нов / употребяван

нoвий / використаний

нищо / нещо

нічого / щось

стар / млад

старий / молодий

вкл. / изкл.

вкл / викл

отворен / затворен

відкрито / закрито

тих / силен (звук)

тихо / гучно

богат / беден

багатий / бідний

правилен / погрешен

правильно / неправильно

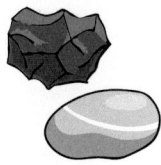

грапав / гладък

шорсткий / гладкий

тъжен / щастлив

сумний / щасливий

дълъг / къс

короткий / довгий

бавен / бърз

повільно / швидко

мокър / сух

вологий / сухий

топъл / студен

гарячий / холодний

война / мир

війна / мир

противоположности - протилежності

0

нула

нуль

1

едно

один

2

две

два

3

три

три

4

четири

чотири

5

пет

п'ять

6

шест

шість

7

седем

сім

8

осем

вісім

9

девет

дев'ять

10

десет

десять

11

единадесет

одинадцять

12

дванадесет

дванадцять

13

тринадесет

тринадцять

14

четиринадесет

чотирнадцять

15

петнадесет

п'ятнадцять

16

шестнадесет

шістнадцять

17

седемнадесет

сімнадцять

18

осемнадесет

вісімнадцять

19

деветнадесет

дев'ятнадцять

20

двадесет

двадцять

100

сто

сто

1.000

хиляда

тисяча

1.000.000

милион

мільйон

английски

англійська

американски английски

американська англійська

китайски мандарин

китайська
високочиновницька

хинди

хінді

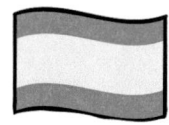

испански

іспанська

френски

французька

арабски

арабська

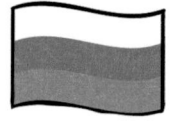

руски

російська

португалски

португальська

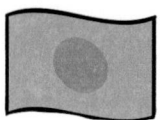

бенгалски

бенгальська

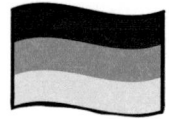

немски

німецька

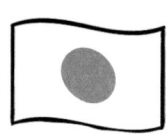

японски

японська

аз
я

ти
ти

той / тя / то
він / вона / воно

ние
ми

вие
ви

те
вони

кой?
хто?

какво?
що?

как?
як?

къде?
де?

кога?
коли?

име
ім'я

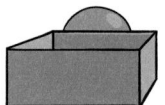

зад

ззаду

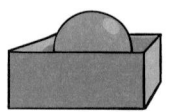

в

в

пред

перед

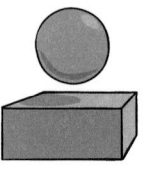

над

над

върху

на

под

під

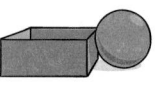

до

біля

между

між

място

місце